諷詩調詩集 · 43

풍諷계戒집集 · 10

박진환 제61시집

지성·감성의 메타언어
조선문학시인선·379

諷詩調詩集·43

풍諷계戒집集·10

조선문학사

■ 책머리에

풍시조(諷詩調)는 유머와 익살과 재담을 즐겨 차용하는 골계의 미학이다.

2014년 初夏

박 진 환

박진환 제61시집 / 諷詩調詩集 · 43

풍諷계戒집集 · 10

차례

No Novel일밖에

미 스노든 봐, CIA 도청 폭로한 양심 높이사 노벨평화상 후보 됐어
북 인권폭로도 노벨상감인데 용기가 없는지, 폭로할게 없는지
없는지 없는건지는 '없음'과 같은 No, 허니 No Novel일밖에

양반이거든

세계 비난여론에도 일 망발 · 망상 · 망언 되풀이
되풀이하면 당나귀도 알아듣는다던데, 인간은 당나귀가 아니거든
것도 사필귀정을 믿고 신뢰하는 쪽발이가 아닌 양반이거든

믿을 것이 못돼서

갑오 말의 해 맞아 대도약 기대했건만, 웬걸
믿어지지도, 실천・실현・실행되지 않을 말・말・말잔치
정치술의 으뜸인 언술이란 게 믿을 것이 못돼서

청음(淸音) 들었으면

무라야마 일 전 수상, 아베 신사참배 매국행위라고
참말 할 줄 아는 사람다운 사람의 용기 일에도 있었네
우리에게도 청마의 해 맞아 때묻지 않고 거짓 없는 淸音 들었으면

더 꼴불견일 텐데

AI에 죽어 나자빠진 철새떼가 뭐 그리 중요해
오는 6월 선거 앞두고 이리 날고 저리 나는 철새떼들
날개 꺾고 나자빠진 꼴은 더 꼴불견일 텐데

이치가 아니던가

결막염인지, 안구 실핏줄이 터졌는지, 충혈된 눈병앓이
안질 구실삼아 술 삼가자 앓던 위장병약을 끊었다
병으로 병을 다스림이니 병이 약이 되는 이치가 아니던가

뭐 달리 보이는 게 있을까

좌안은 근시, 우안은 원시, 백내장 수술 때 전문의의 배려였다
헌데 좌안에 눈병이 들어 먼 것은 고사하고 가까운 것도 못볼지경
가까운 것도 못보는 주제에 먼 것을 보면 뭐 달리 보이는게 있을까

안 자르거든

동양·효성·KT 등 영장기각에 검찰 칼날 무뎌졌다데
검찰의 검이 무뎌졌으면 대막대기 칼이란 뜻
허긴 칼이란 게, 쇠는 잘라내도 돈은 못자른게 아니라 안자르거든

실향민인 것을

설 음악프로에서 흘려보내는 타향살이 몇해던가
애수 깃든 구성진 가락이던데 마음에 고향 지니고 사는이 몇이나 될까
고향을 잃고 사는 타향살이, 너나없이 오늘을 사는 실향민인 것을

오래거든

미 케리 국방, 한국통일 논의 위해 중국 방문한다던데
재판이 그러하듯 당사자들끼리 해결 못하면 중재 필요
G2가 국제 헌법재판소 역할한지 오래거든

플래카드

'대선공약 지키라'며 거리에 내걸린 바람에 흔들리는 플래카드
흔들리는 꼴이 흡사 비틀대는 취객과 같다
취해도 단단히 취해 흔들리는 정치속임수에 미쳐된 플래카드

이를 말해줘서

행정수도 세종시, 헌데 행정수반 총리 1주에 하루만 근무에
고급공무원도 예외 아니라니 말만 행정수도면 뭘해
실제는 동공현상, 30분에 한번꼴로 다니는 버스가 이를 말해줘서

말해줌이거니

지난해 신규 신용불량자 10만 명으로 기하급수적 증가
행복·복지 민주화로도 약발 안 받는 경제 고질병
경제전망 잿빛은 이를 말해줌이거니

궁금해서

내란음모죄 적용 이석기 의원 징역 20년 구형
신형의 반대어가 구형 아니던가? 재판도 구형·신형 있나봐
선고는 실형 아닌 신형으로 하면 몇 년이나 될지? 그게 궁금해서

처방전을

박정부 경제팀 실망이라며 바꾼다고 별 수 있겠냐는 衆口

창조경제로도 약발 안 먹히면 불치병

衆口여 중구여 말해다오, 죽어가는 경제 살릴 처방전을

꺼야 하는데

정치권 지켜보며 국민들 하는 말 "국민은 안중에도 없나봐"
암 없고말고, 그 부끄러운 얼굴로 어찌 국민 바로 볼 수 있겠나
염치고 체면이고 발등의 불 먼저 꺼야 하는데

축복의 문 열려

衆口는 축복의 문이라 함의 뜻은 뭇사람 입에 오르내려야
축복이건, 재앙이건, 망신살이건이 된다는 뜻, 헌데
중구완 달리 중구삭금의 험구에 오르내리지 않아야 축복의 문 열려

※ 중구삭금(衆口鑠金) : 뭇사람 입에 오르내리면 쇠같이 단단한 물건도
녹인다는 뜻이니 여러 사람의 말은 무섭다는 뜻.

동취가 나서

상조회사 직원 소득 많다고 자랑삼아 광고하던데
많은 대로 가만있지 뭘 자랑삼아 광고까지
돈이란 게 나느니 동취뿐인데 광고에도 동취가 나서

어떤 아픔이 될까

서해 태안반도 기름띠 아픔 여직도 닦아내지 못했는데
이번엔 남해, 다음엔 동해, 이러다간 삼면에 기름띠 두를 판
3·8 철책 요통에 삼면에 기름띠 두르면 어떤 아픔이 될까?

죽일살자지?

박대통령 지방선거 공정만 주문했지 약속이행엔 함구
거리에 내걸린 '선거공약 이행하라'는 플래카드의 절규에
한번쯤 답할 법한데 묵살, 묵살의 殺자가 아마 죽일살자지?

지옥 아니면 연옥 못 면하고 살판이지만

영하 10도를 오르내리는 한파에도 선거 계절풍엔 태풍의 눈 생겨
이러다 6월에서 7, 8월 휩쓰는 태풍에 연옥·지옥 안 될지
어차피 진 쪽은 지옥 아니면 연옥 못 면하고 살판이지만

쓸모없거든

중국, 북한 포기할 수 있다는 뉴스, 어찌 중국뿐이겠는가마는
포기가 별건가, 쓸모없으면 버리는 것이 포기 아니던가
당초 포기란 게 기포와 같아서 바람 빠지면 쓸모없거든

비빔밥 신세 못 면하려고

여, 초당적 기구 만들자는 제안에 야 냉담, 그도 그럴 것이
여·야도 싸움일색인데 거기에 초당까지 생기면
초치고, 기름치고, 고춧가루 쳐 비빔밥 신세 못 면하려고

다 그래

일 아베 수상 또 개헌 제기, 허긴 아베뿐이겠는가
정권 잡았다 하면 누구나 정치이상 펼쳐 역사에 남고 싶거든
정치 · 이념 · 나라 서로 달라도 탓하지마, 집권자는 다 그래

무식하긴

일 지배자들 안중근 의사를 테러리스트니, 사형선고자라니로 명명
허기사 침략만 일삼았지 나라 잃은 적 없으니
침략자 말고 애국자가 있었겠나, 없으니 애국인들 알겠나, 무식하긴

죄로구나

폰맹에 컴맹에 좌목맹 겹쳤으니
맹맹맹이면 캄캄캄 어둠뿐 아니던가
맹캄이면 어둠이여 오라 이니 이 대명천지에 문명이 죄로구나

명약 썼네

남북 이산가족 상봉 2월 20~25일까지 금강산에 갖기로 남북 합의
간단하네, 서로 이해가 맞아떨어지면 홍정이란게 이래
키리졸브에 미 핵항모 안 띄운 것이 약효였다니 명약 썼네

못한 걸

무슨 바람이 불었나? 정치술에서 깨어났나?
여 · 야 초당 차원의 국정 청사진 밑그림으로 내놓던데
내놓기만 하면 뭘해, 실천 · 실현 못하면 만화만도 못한 걸

거시기 머시기 해서

박대통령 진돗개 정신 운운 비유치곤 좀 거시기 해서
그 많은 정신 다 놔두고 한번 물면 놔주지 말라는 주문이니
아무리 생각해도 비유치곤 좀 머시기 해서

딱 맞네

윤 해수부장관 실언 또 도마 위에 오르던데
당연하지, 고기는 바다에서 잡히고 잡히면 도마 위에 오르거든
오르면 달아나는 목, 딱 맞네

no bell

소치 동계올림픽에선 금메달 쏟아지던데
소치로 메달 따야할 우리네 글감에선 눈 씻고 봐도 무소치
둘다 소치는 소치인데 한쪽은 금메달, 한쪽은 nobel 아닌 no bell

※ 소치(騷致) : 시문(詩文)의 우아한 정취.

충견이거든

박대통령 진돗개 정신 뒤에 숨은 진짜 말은 따로 있었어
한번 물었다 하면 끝내 놔주지 않는 그런 근성 요구가 아니었어
그냥 개가 아닌 진돗개는 주인을 배신할 줄 모르는 충견이거든

아니었을까

세상을 말할때 개같은놈의 세상이니 개만도 못한놈의 세상이라고 한다
개도 주인 섬길줄 아는 충성심 지닌 개는 충견 중 충견이지
진돗개 정신이란 나랏님 말씀 건건비궁을 말한거 아니었을까

※ 건건비궁(蹇蹇匪躬) : 충성심으로써 임금을 섬기고 자신의 이해를 돌보지 않는다는 뜻.

불보듯 뻔한데

일, 아사히신문 아베정권 타도를 社是로 삼았다던데
망언 · 망발 · 망신살 얼마나 보기 싫었으면 타도방침 세웠을까
그러다 국민들 죄다 斜視되면 민심이반 불보듯 뻔한데

암시지

일 아베, 아사히신문 社是 정권타도라고 비난
단말에만 길들여지다 쓴말 못 들으면 벙어리돼
社是가 별건가, 거꾸로 하면 示唆, 그러다간 망한다는 암시지

골빈놈들 차지니까

한집 걸러 가정폭력이라는데, 이쯤이면 폭력시대 아닌가
폭력의 백성은 많은 머릴 갖고 있지만 뇌수는 없다던데
뇌수가 없으면 골이 비었단 뜻, 허긴, 세상이 골빈놈들 차지니까

불이(不二)였구나

해수부장관 경질 놓고 자질·언행 등 함량미달 운운이던데
함량미달자에게 장관자리 마련해준 것 함량초과력 아니었던가
그렇구나, 함량미달과 초과가 不二였구나

나귀 귀 됐을판

중국, 북한 포기할 수도 있다에 세계의 귀들 당나귀 귀되던데
'도'라는 조사가 할 수 없다는 전제 하에 할 수 있다는 가정이거든
가정이었기 망정이지 참말이었다면 사람들 죄다 나귀 귀 됐을판

요즘 재판

요즘 裁判이란게 再版과 같은 이름값한 것 같데
옳고 그른 판단하는 법의 잣대가 흡사 찍은 책 다시 찍는 재판 같거든
전례니 판례니가 앞의 법 기준삼아 재탕한 것 같아서

이웃도 있고

미 오바마 사양길에 접어들고, 중 시진핑 상승가도 진입
일 아베는 게다 끌고 행보 재촉하고
곁눈질로 훔쳐보며 흉내 즐기는 이웃도 있고

구경꾼 못 면하다니

6월 선거에 혈안이 된 정치풍토 비웃는 국민들
비웃지말 것이, 선거를 정당끼리 하는 걸로 아는 착각이 잘못
정작 싸움은 국민이 하는건데 이완 달리 정치싸움 구경꾼 못면하다니

통일 됐게

민주, 특검만이 민주주의 살릴 길, 새누리, 민주주의 근간 흔드는 일
하나는 민주주의 살리는 길, 하나는 흔들어 무너뜨리는 일
극과 극은 통한다던데 통하긴, 통했으면 진즉 남북도 통일됐게

눈금밖에 없거든

동해 병기 미 전역으로 확산될 기미 두고 미 언론
외교에 한국이 이겼다고 승패로 평가 잣대 들이대
미국의 잣대엔 승패의 눈금밖에 없거든

이 지옥 같은 세상에

서울시민 3인중 1인은 소음공해에 시달린다는데
산업공해에 자연재해, 거기다 소음공해까지 겹치면
공해천국, 천국이면 어디야, 이 지옥 같은 세상에

인(仁)은 안되겠나

옛분들 말씀 좀 도둑질해 써먹었더니 한자성어에 능하다고?
대도의 도에 聖·勇·義·知·仁이 있다는걸 알고 계시는가?
비록 남의 것 훔쳐 써먹었으나, 5도 중 仁은 안되겠나

※ 대도의 도(大盜_道) : 방안에 소장된 귀중품을 넘보지 않으면 聖, 훔치러 먼저 들어가면 勇, 훔쳐 맨 뒤에 나오면 義, 가부를 판단하면 知, 고루 나누어 쓰면 仁을 대도의 도로 본 장자의 말.

더 양반 아니겠나

사자성어, 한자숙어, 명언 등 선인들 말씀 훔쳐 시에 써먹었으니
도둑면킨 어려우나 독식 않고 양념해 시로 나누어 먹었으니
세도가 양반들이 빼앗고 훔쳐먹은 도둑질보다야 더 양반 아니겠나

통역이거든

일찍이 로댕은 예술을 창조 아닌 자연의 통역이라 했던가
자연만이 아닌 문명의 통역도 예술, 진정한 통역이란
번역이 아닌 번역할 수 없는 것을 번역해내는 통역이거든

이러하지 않던가

휴일 하오 파한삼아 "산에 간다"는 내 말에 내자왈 "안산 간다"
언듯 반대표시 같지만 '안산'이 산에 안간다는 부정 아닌
홍제동 집 뒤에 있는 산이거든, 부창부수가 이러하지 않던가

깜깜 먹통이니

소치행에 쏟아부은 국고 100분의 1만 騷致 위해 썼던들
금메달보다 더 값지고 빛난 nobel 문학상 소식 왔을지도
헌데 어쩐다, no bell로 nobel 소식은 깜깜 먹통이니

뿔 세우고 살고 있으니

꽃은 호박꽃에, 자라나는 호박에 말뚝박기에, 소경 제 호박 따기
옛분들 호박타령이 어찌하여 현금의 정치작태와 딱 맞는지
호박같이 둥근 세상에 모나게들 뿔 세우고 살고 있으니

이석격석의 여 · 야

칼은 칼로, 창은 창으로, 총은 총으로 맞서는 것이 이 시대의 힘
의지 · 지혜 · 힘이 모든 일의 기본이라던데
의지와 지혜는 저당잡히고 힘으로만 맞서는 이석격석의 여 · 야

※ 이석격석(以石擊石) : 돌로 돌을 친다 함이니 힘과 힘으로 맞부딪친다는 뜻.

법이 없어서

자피생충이란 옛분들의 말씀, 오늘날에도 딱 맞아떨어져
시대를 초월해 맞아떨어지는 말이면 명언이 아니던가
한국의 여 · 야; 그 꼴이나 안될지? 법이란법 중되지말란 법이 없어서

※ 자피생충(自皮生蟲) : 가죽에 좀이 나서 가죽이 다 없어지면 좀도 살아남을 수 없다는 뜻으로 형제나 한 집안끼리의 싸움을 이르는 말.

마이동풍 못 면해서

어느 저명 시인의 수필집 제목 동이불화에 대응되는 화이부동
군자는 서로 다르되 화합하고 소인은 서로 같되 화합하지 못한다
공자의 이 말씀, 이 땅의 정치인들 귀엔 마이동풍 못 면해서

거시기 하지만

코리아 국민행복지수 OECD국가중 최하위
내놓기 부끄럽지만 지수는 지수 아닌가
차라리 없음만도 못한 지수에 행복이란 토 달기가 거시기 하지만

속지 말아야

선거를 민중에게 아첨하는 요술·사기사라 하던데
조삼모사도 다를 것이 없거니, 6월 선거철 앞두고
목후 면해 사람답게 살고 싶거든 선거에 속지 말아야

※ 조삼모사(朝三暮四) : 중국 송대 저공이 원숭이 먹이를 아끼려고 아침에 도토리 3개, 저녁에 4개를 제시하자 원숭이들이 항의해 아침에 넷, 저녁에 셋을 제시했더니 잠잠했다는 고사로 당장 눈앞의 차별만 알고 결과가 같음을 모름에 비유. 간사한 꾀로 남을 속임을 뜻함.

※ 목후(沐猴) : 원숭이를 달리 이르는 말.

춘심

2월 중순 폭설에 영하의 날씨인데 속잎을 내미는 팔손이 속순
꽃도 아니고 열매로 익을 것도 아닌 속잎의 성장을 지켜 벗하며
모두들 외면하고 사는 할 일없고 부질없음에의 춘심

내자 탓한다

내자는 내 코디에 신경깨나 쓰는데 첫째 돋보이게 해주고 싶어서
둘째는 초라하게 안보이고 셋째는 스스로의 역할 내세우기다
헌데 정작 나는 주머니가 차면 뽐내고 비면 꾀죄죄, 내자 탓한다

금메달이구나

소치 올림픽에서 이상화 금메달 땄어
이상화의 시 「빼앗긴 들에도 봄은 오는가」 騷致도 금메달감이지
이상화와 이상화, 소치와 騷致가 둘다 감동의 금메달이구나

※ 소치(騷致) : 시가 풍기는 그윽한 정취.

형제가 있어서

OECD국중 꼴찌 단골손님 코리아가
소치 동계올림픽에선 세계 10위로 진입
헌데 꼴찌에도 10위에도 끼이지 못한 열외의 형제가 있어서

하나밖에 답을 모르거든

하나님과 하느님, 부처와 불타, 어느 것이 맞나요?
둘 다 정답, 답이 둘인 게 어디 이뿐이던가요
헌데 정치하는 분들, 답답혀, 하나밖에 답을 모르거든

절름발이다

여의도 1번가 사람들은 의족의 절름발이다
발목 붙들고 걸고넘어지기 일삼다 발목 꺾인, 동행을 거부하는
외길만 고집하는, 성한다리 두고도 목발 못 면하는 절름발이다

배우라는 뜻인 걸

왼쪽 눈의 시력 약화로 뜨기보다 감아야 눈이 더 편하다
편하길 좇아 눈감기가 버릇처럼 돼버렸으니 꼴이 아니다
눈뜨고 꼴만 즐기면 뭘하나, 눈감고도 보는 법 배우란 뜻인 걸

아니겠나

길 건너 점쟁이 집이 내건 청 · 홍 깃발 흔들림으로 일기를 점친다
풍향 · 풍속 따라 흔들림 달리하는 청 · 홍기로 날씨 점치듯
점이란 것도 흔들리는 마음 넘겨짚고 길흉 읽기 아니겠나

롤랑의 말

친절하게 듣고, 빠짐없이 답하고, 냉정히 판단한 공정한 재원이
재판관의 네 요건이라 말한 소크라테스는 순구식, 신식은
돈에 따라 백을 흑이라고 말할 수 있는 기술이 재판이란 롤랑의 말

같음인 것을

홈쳐보고 째려보고 곁눈질에 넘겨다 본 일 없었는데
어찌하여 한쪽 눈이 시력을 잃어가는 것일까?
그걸 몰랐었구나, 눈으로 탐한 옥모화용도 구략과 같음인 것을

※ 옥모화용(玉貌花容) : 아름다운 여자의 용모

※ 구략(驅掠) : 쫓아가서 재물을 약탈질함.

그러지나 않을지

많이 처먹으면 많이 싸기 마련, 많이 싸면 더 구리기 마련
구리면 다행, 피냄새도 나거든, 피냄새면 다행 송장내도 나거든
어느 고수입 자랑 광고 와서 확인해보라던데 그러지나 않을지

높이 볼 줄 알아서

심심한데 성명풀이 해볼까? 무라야마 전 일본총리
무라는 無라, 야마는 일본식으로 산, 허면 산이 없다인데
등태산이소천하, 아베완 달리 없는 산도 높이 볼 줄 알아서

※ 등태산이소천하(登太山而小天下) : 높은 산에 올라서면 세상이 낮아보인다는 뜻으로 높은 지위에 오르면 사람을 하시한다는 말.

그것이 문제로다

천재 구구법 2×8=16, 3×8=24, 5×5=25, 정답
비보 구구법 2×8=청춘, 3×8=철조망, 5×5=단오, 순엉터리, 그렇구나
정답밖에 모르는 천재냐? 오답밖에 모르는 바보냐? 그것이 문제로다

시를 뭘로 알고

시를 언어로 빚은 환약알의 마약이라고, 웃기지 마셔
마약기 전무, 막걸리 한사발의 취기만도 못한 것을
이백일두시백편, 이백 흉내하다니, 시를 뭘로 알고

※ 이백일두시백편(李白一斗詩百篇) : 이백이 술 한 말에 시 백 편을 썼다는 것으로 술을 마실수록 시를 잘쓴다는 말.

길들이기 힘들듯

시를 보고, 느끼고, 생각한 그대로를 운문으로 쓰면 시인줄 아는
얼간이 시인이 감행하는 시에 대한 모독
건너 산 보고 꾸짖긴※ 줄 알지만 놓아먹인 말※ 꼴이니 길들이긴 힘들 듯

※ 우리 속담으로 남을 욕하거나 흉볼 때 본인에게 직접하지 않고 간접으로 다른 사람에게 한다는 뜻.

※ 방목해 기르는 말이란 뜻이니 교육을 받지 못하고 예의범절을 모르는 사람을 일컫는 말.

있잖아

정치쟁이는 다음 선거를, 정치가는 다음 시대 일을 생각한다던데
어쩐다, 이 땅엔 정치가는 없고 정치쟁이만 있으니
꼴들 봐, 6·4 선거에만 목매달고 있잖아

무지개 뜨겄네

중국 미 앞질러 세계무역 1위로 부상
G2 이름값도 이름값이지만 면도 코도 세워 양코보다 높아졌어
높아진 시진핑이 내뿜는 콧김에 일곱빛 무지개 뜨겄네

웃음소리 안 들리니

공자왈, 선정 펼치면 근자 즐거워하고 원자 찾아온다던데
미국도 북녘도 찾아오는걸 보면 정치 잘하는가 봐
허나, 먼자 아닌 가까운자 웃어야 하는데 웃음소리 안 들리니

비행기가 딱 그래

미 오바마 방한 발표에 시큰둥한 일 1박 2일로 일정 상향 조정 희망

일뿐인가, 중국 속내도 방중계획 없어 섭섭해한 모양이던데

비행기 매력은 마약과 흡사하단 말 오바마 태운 비행기가 딱 그래

성명풀이

아베는 兒輩이니 우리식으론 어리석은 자, 곧 소인배
논어에 소인배를 同而不和라 했던가? 허면 무라야마는
무는 없음, 야마는 일본어 山, 산이 없음인데 산보다 높이 보여서

국민의 꽃이 그래

꿀벅지, 철벅지, 금벅지, 스피드스케이터 상화 두고 하는 말
상화가 달리 상화겠나, 스케이트란 上靴 신고
얼음판 위에 霜花로 피는 꽃이어서 상화지, 국민의 꽃이 그래

※ 상화(上靴) : 덧신.

※ 상화(霜花) : 꽃같이 고운 서릿발.

신문

신문을 사회의 목탁이라고? 그건 공자때 이야기이고
지금은, 추문으로 도배한 사회의 담과 벽, 달리
형제혁장이라 했겠나, 추한 꼴 죄다 담벽에 방 붙여 도배해서지

※ 형제혁장(兄弟鬩墻) : 형제가 담안에서 싸운다는 뜻으로 동족상쟁을 이르는 말.

달리함 아닌가

여는 친박 · 비박, 야는 친김 · 친문 · 친손
친은 사랑 · 친척 · 겨레 · 족척이니 한 혈통인데
비는 아닐비 · 바르지못할비 · 어길비니 혈통 달리함 아닌가

앞이 보이는 것도 있던가

국민 1인당 빚 1천6백만 원이면 우리 내외 합산 3천2백만 원
갚을 길 막막에 날이 갈수록 늘어나는 막막함까지
막히고 또 막힌 끝이 안보이는 막막, 허긴 앞이 보이는 것도 있던가

어려운데

책임총리제 실종에 장관 존재감 없는 현 정부
대통령 홀로 리더십 두고 한 이 말, 독주란 뜻 아니던가
독주에 한번 취하면 좀처럼 깨어나기 어려운데

가지고 가거든

공수래 공수거, 호랑이 담배 먹던 시절 타령하고 있네
지금은 공수래 폰수거, 손마다 쥐고 다니는 핸드폰
유산처럼 북망산 가는 길에도 가지고 가거든

행복이거든

행복은 어린애다, 불행이란 어른 등에 업혀 자라니까
행복하고 싶거든 늙은 욕망 버리고 어린애로 돌아가
어린애는 행도 불행도 모르거든, 모르는 것이 곧 행복이거든

때문

행복의 어머니는 불행, 행복이란 불행의 등에 업혀 자라니까
불행 없이 행복 없고, 행복 없이 불행 또한 없는 이치
행·불행이란 한 어머니에서 태어난 두 얼굴이기 때문

존재할 수 없으니까

행복하다고 생각하면 행복, 불행하다고 생각하면 불행
행복과 불행의 모태는 생각
생각이 없으면 행복도 불행도 존재할 수 없으니까

남대문시장

외국관광객이 즐겨 찾는 가격표 없는, 부르는 게 값인 시장
눈으로 점찍고 입으로 가격표 내미는 눈과 입의 흥정
국제마트에는 없는 코리아에만 있는 가격표 없는 남대문시장

노예 못 면하고 사는데

곤륜이 있는 곳에 자유는 없고, 자유가 있는 곳엔 곤륜이 없다
인간의 권리도 가치도 부정된 격로의 신안 염전
신안 염전뿐이겠나, 세상이 온통 황금의 노예 못 면하고 사는데

※ 곤륜(崑崙) : 중국 송·당때 말레시아인을 데려다 종으로 부린데서 연유한 노예를 이르는 말.

※ 격로(格虜) : 성질이 강하고 모질고 굳세다는 뜻의 노예를 이르는 말.

빈혈기 면하겠나

여수 앞바다에 이어 부산 앞바다에서도 기름유출 사고
이놈의 사고, 고사라도 지내야 해신의 심술 멎을 것 같다
기름이 곧 피인데 이리 하혈이 잦아서야 경제 빈혈기 면하겠나

안 문힐지

중국 별 볼 일 없을 땐 봄 한철 황사 몰려오더니
G2 되자 시도 때도 없이 미세먼지 세례
아무리 진세라고들 하지만 이러다 티끌 무덤에나 안 묻힐지

※ 진세(塵世) : 정신에 고통을 주고 어수선한 세상을 이르는
진경(塵境) · 진계(塵界)와 함께 쓰이는 티끌 세상이란 뜻.

진(塵)자 풀이

티끌같은 세상을 일컬어 塵境이니, 塵界니, 塵世라고들 한다
진이란 塵襟·塵念·塵勞와 함께 중금속 못 면한 塵霧界
정신이 황금에 눈멀었는데, 진무 낀 세상 어찌 눈뜨길 바라랴

※ 진(塵) : 티끌 먼지란 뜻.

풍요 속 곤궁 못 면하지

지혜는 늘지 않고 기술만 늘면 곤궁이 생긴다던데 허사 아닌 것이
한국정치술 봐, 지혜는 깡통인데 기술은 9단이거든
허니, 불통에 불화에 불신까지 불자정치 풍요 속 곤궁 못 면하지

구우일모 때문

여성대통령 시절이어선가, 시장·지사 선거에 여성후보 수두룩
외국에도 여성대통령에 총리까지 수두룩
헌데 수두룩이란게 많으면서 귀함이 됨은 구우일모 때문

※ 구우일모(九牛一毛) : 지극히 많은 것 중에서 매우 적은 수라는 뜻.

달리 있던가

부산 앞바다 기름 유출 사고에 경주 리조트 붕괴 사고까지
하루도 사고 없이 지나는 날 없이 꼬리에 꼬리를 무는 사고
그나마 사고 빼고 나면 달리 남은 것이라도 있던가

작은 이유들

경주 리조트 천장 붕괴 사고, 폭설 때문이었다는 진단
큰 사건은 작은 일로부터 일어난다던데, 작은 일이 큰 사건보다 더 큰
도처에 도사리고 있는 붕괴 직전의 큰 사건보다 더 큰 작은 이유들

위험시대 맞은 거 맞네

WP지, 아베정권 위험시대 맞았다고 논평
경제는 아베노믹스 약발 떨어지고, 외교는 미 · 중 · 한과도 단절
허니 출구 막히고 구출작전도 원군이 외면하니 위험시대 맞은거 맞네

같은 거거든

유전무죄, 무전유죄란 말 믿거나 말거나가 아니여
재판이란 돈에 따라 흑을 백으로 말할 수 있는 기술이란 말
우리말 아니지만 우리와도 통하거든, 유전 · 무전, 흑 · 백이 같은거거든

필요하거든

정부, 경제 3개년계획 청사진 발표한다던데
창조·민주 경제로는 약발이 안 먹힌 모양
허긴, 내성이 강해지면 특약처방전이 필요하거든

더 크게 보이는 모양

공군사관학교 1등 졸업생엔 국무총리상, 2등엔 대통령상
무슨 물구나무서긴가, 거꾸로 시상을 하다니
고공에서 내려다보면 앞엣것보다 뒤엣것이 더 크게 보이는 모양

따로 있거든

한국 OECD국가 중 가장 많은 시간 야간 근무
헌데도 결과는 일한 것에 비해 생산량은 최하위
그도 그럴 것이 야간에 하는 작업이 따로 있거든

나랏님만 봐도 그래

소치올림픽, 여자 3,000m 계주서 한국 금메달 사냥
땄다 하면 메달 색깔 가릴게 없이 죄다 여자선수 몫
옛분들 달리 건부승자부라 했겠나, 나랏님만 봐도 그래

※ 건부승장부(健婦勝丈夫) : 기력이 강한 여자는 오히려 남자보다 낫다는 뜻.

구식으로 산다

핸드폰이 물에 젖어 스마트폰으로 바꿨다
젊은이들은 손때 묻도록 애주중지하던데 난 핸드폰이 더 좋다
핸드폰과 함께 구관이 명관, 온고지신 벗하며 탈없이 구식으로 산다

•

박진환 시인은 전남 해남 출신으로 동국대 국문학과를 거쳐 중앙대 대학원을 졸업(문학박사)했다. 1960년 동아일보 신춘문예(詩) · 1963년 自由文學(문학평론)으로 문단에 데뷔했고, 국제PEN한국본부 사무국장 및 이사, 한국문협 고문을 역임했다. 제9회 시문학상, 제3회 비평문학상, 펜문학상, 윤동주문학상 등을 수상했고, 한서대학교 교수 및 예술대학원장을 역임했으며 현재 월간『조선문학』발행인 겸 주간으로 있다. 중요 저서로는 시집에『귀로』,『사랑법』,『꽃시집』,『三行詩抄』Ⅰ~Ⅺ『諷詩調』,『박진환시전집』Ⅰ · Ⅱ · Ⅲ · Ⅳ · Ⅴ · Ⅵ · Ⅶ,『物神時代』Ⅰ · Ⅱ · Ⅲ · Ⅳ · Ⅴ,『동굴일지』Ⅰ · Ⅱ · Ⅲ · Ⅳ · Ⅴ,『2012년 8월』에서『2013년 7월』까지,『풍계집 · 1』에서『풍계집 · 25』까지 76권의 시집이 있고 평론집으로『한국현대시인론』,『현대시론』,『21C시학과 시법』등 다수와『한국시의 공간구조연구』,『21C 시학』,『시창작론』,『諷詩調詩學』외 다수의 역저가 있다.

•

조선문학시인선 379

諷詩調詩集 · 43

풍諷계戒집集 · 10

2014년 8월 20일 인쇄
2014년 8월 30일 발행

지은이 / 박진환
발행인 / 박진환
펴낸곳 / 조선문학사
등록번호 / 1-2733
주소 / 120-853 서울 서대문구 통일로 389(홍제동)
전화 / 02-730-2255
팩스 / 02-723-9373

ISBN 978-89-98115-69-2

정가 10,000원